Lilly Mops... lesen geht noch nicht, aber Tasten anknabbern...

RENATE SÜLTZ & UWE H. SÜLTZ

NOTIZBUCH FÜR MOPSFREUNDE

BoD - Books on Demand

Norderstedt 2016

Bibliografische Information durch die Deutsche Nationalbibliothek

Die Deutsche Nationalbibliothek verzeichnet diese Publikation in der Deutschen Nationalbibliografie; detaillierte bibliografische Daten sind im Internet über http://dnb.dnb.de abrufbar.

© 2016 Renate Sültz & Uwe H. Sültz

Herstellung und Verlag:

BoD – Books on Demand, Norderstedt

ISBN 978-3-739-24031-2

Mein Name ist...

Wichtige Daten von mir...

Meine Familie:

Meine Erlebnisse:

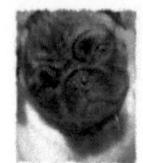

Meine Erlebnisse:

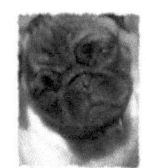

Meine Erlebnisse:

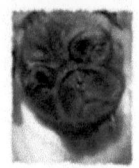

Meine Erlebnisse: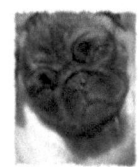

Meine Erlebnisse:

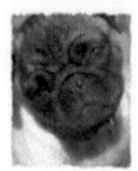

Meine Erlebnisse:

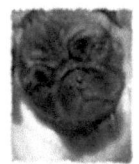

Meine Erlebnisse: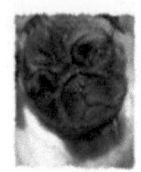

Meine Erlebnisse:

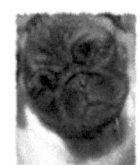

Meine Erlebnisse:

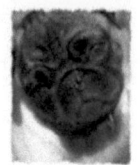

Meine Erlebnisse: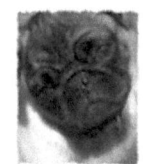

Meine Erlebnisse:

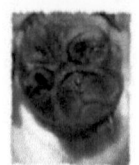

Meine Erlebnisse: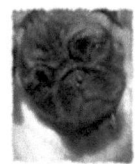

Meine Erlebnisse:

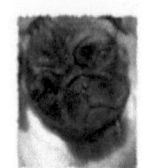

Meine Erlebnisse:

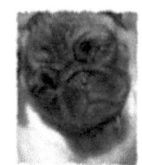

Meine Erlebnisse:

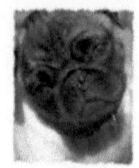

Meine Erlebnisse: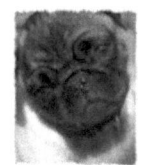

Meine Erlebnisse: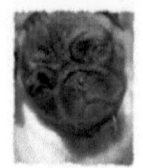

Meine Erlebnisse: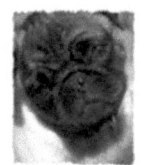

Meine Erlebnisse:

Meine Erlebnisse:

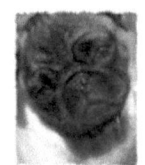

Meine Erlebnisse:

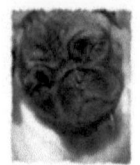

Meine Erlebnisse: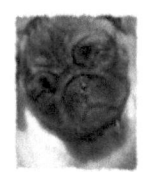

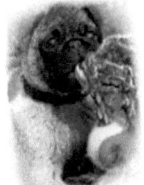

Meine Erlebnisse:

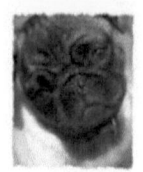

Meine Erlebnisse: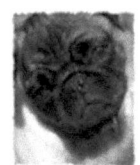

Meine Erlebnisse:

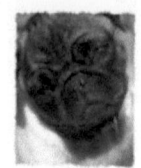

Meine Erlebnisse:

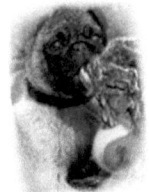

Meine Erlebnisse:

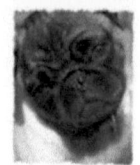

Meine Erlebnisse:

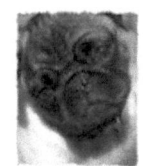

Meine Erlebnisse:

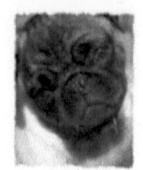

Meine Erlebnisse:

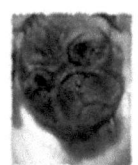

Meine Erlebnisse:

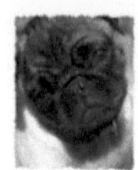

Meine Erlebnisse: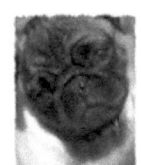

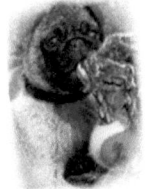

Meine Erlebnisse:

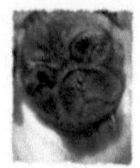

Meine Erlebnisse: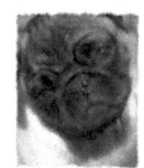

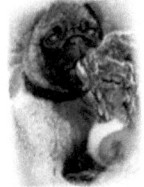

Meine Erlebnisse:

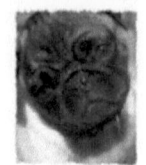

Meine Erlebnisse: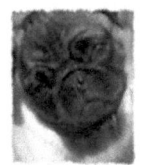

Meine Erlebnisse:

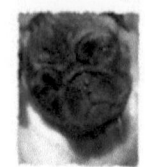

Meine Erlebnisse:

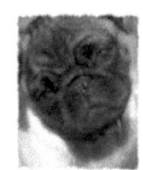

Meine Erlebnisse:

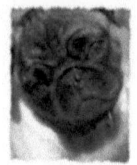

Meine Erlebnisse: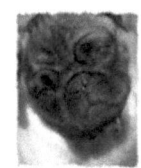

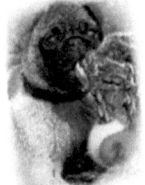

Meine Erlebnisse:

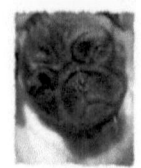

Meine Erlebnisse: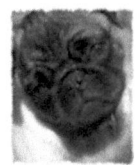

Meine Erlebnisse:

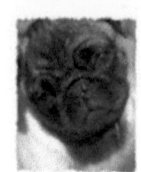

Meine Erlebnisse:

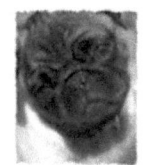

Meine Erlebnisse:

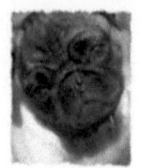

Meine Erlebnisse: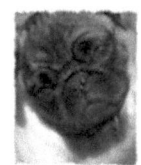

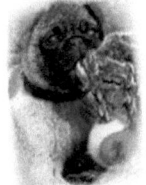

Meine Erlebnisse:

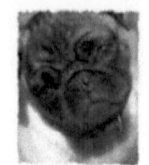

Meine Erlebnisse:

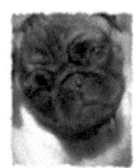

Meine Erlebnisse: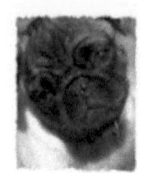

Meine Erlebnisse:

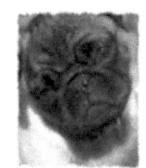

Meine Erlebnisse:

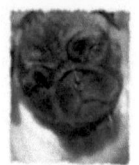

Meine Erlebnisse:

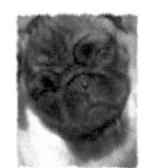

Meine Erlebnisse: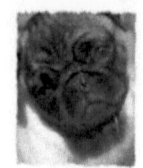

Meine Erlebnisse: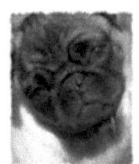

Meine Erlebnisse:

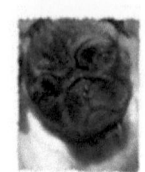

Meine Erlebnisse:

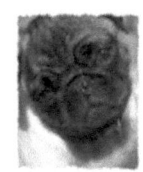

Meine Erlebnisse:

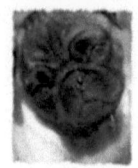

Meine Erlebnisse:

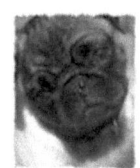

Meine Erlebnisse: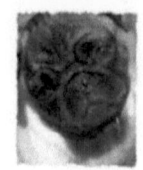

Meine Erlebnisse:

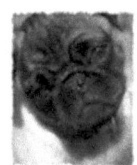

Meine Erlebnisse: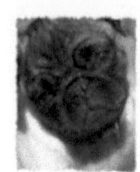

Meine Erlebnisse: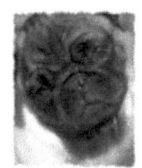

Meine Erlebnisse:

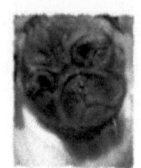

Meine Erlebnisse:

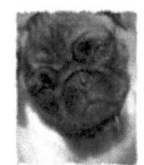

Meine Erlebnisse:

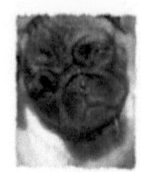

Meine Erlebnisse:

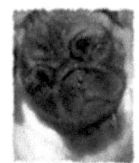

Meine Erlebnisse: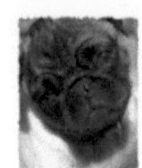

Meine Erlebnisse: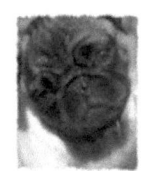

Meine Erlebnisse: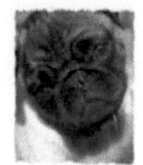

Meine Erlebnisse:

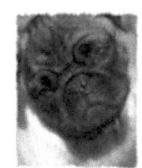

Meine Erlebnisse:

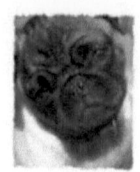

Meine Erlebnisse:

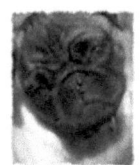

Meine Erlebnisse:

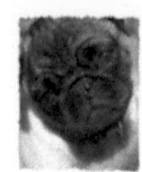

Meine Erlebnisse: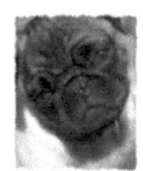

Meine Erlebnisse: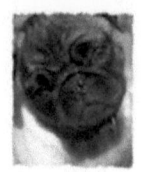

Meine Erlebnisse: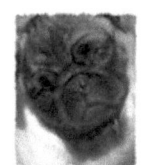

Meine Erlebnisse:

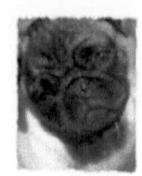

Meine Erlebnisse:

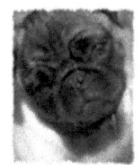

Meine Erlebnisse: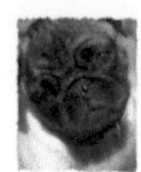

Meine Erlebnisse:

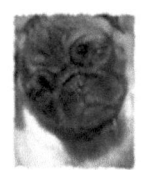

Spanende Kurzgeschichten für unterwegs

ISBN 978-3-95744-598-8
ISBN 978-3-96008-041-1

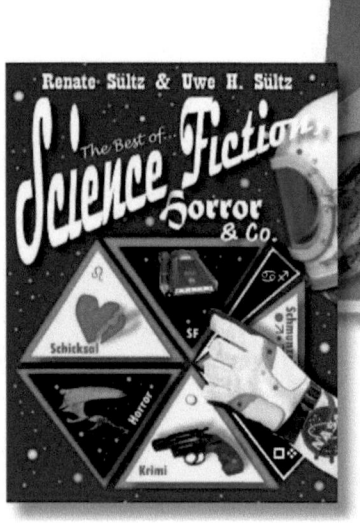

ISBN 978-3-73923-523-3

Das Schweinchen Klecks
und andere Kindergeschichten

ISBN 978-3-95744-286-4

Unsere Kinderbücher:

Fitus, der Sylter
Strandkobold

ISBN 978-3-95744-758-6

Fitus, der Sylter
Strandkobold
Gute-Nacht-Geschichten

ISBN 978-3-73922-001-7